Günter Stratenwerth
**Was leistet die Lehre
von den Strafzwecken?**

Schriftenreihe
der
Juristischen Gesellschaft zu Berlin

Heft 139

1995
Walter de Gruyter · Berlin · New York

Was leistet die Lehre von den Strafzwecken?

Von
Günter Stratenwerth

Überarbeitete Fassung eines Vortrages
gehalten vor der
Juristischen Gesellschaft zu Berlin
am 19. Oktober 1994

W
DE
G

1995

Walter de Gruyter · Berlin · New York

Dr. iur. *Günter Stratenwerth,*
em. Professor für Strafrecht und Rechtsphilosophie
an der Universität Basel

⊗ Gedruckt auf säurefreiem Papier,
das die US-ANSI-Norm über Haltbarkeit erfüllt.

Die Deutsche Bibliothek – CIP-Einheitsaufnahme

Stratenwerth, Günter:
Was leistet die Lehre von den Strafzwecken? : Überarbeitete
Fassung eines Vortrages gehalten vor der Juristischen
Gesellschaft zu Berlin am 19. Oktober 1994 / Günter
Stratenwerth. – Berlin ; New York : de Gruyter, 1995
  (Schriftenreihe der Juristischen Gesellschaft e. V. Berlin ; H. 139)
  ISBN 3-11-014902-8
NE: Juristische Gesellschaft <Berlin, West>: Schriftenreihe der
Juristischen ...

Was leistet die Lehre von den Strafzwecken?

Von
Günter Stratenwerth

Überarbeitete Fassung eines Vortrages
gehalten vor der
Juristischen Gesellschaft zu Berlin
am 19. Oktober 1994

W
DE
G

1995

Walter de Gruyter · Berlin · New York

Dr. iur. *Günter Stratenwerth,*
em. Professor für Strafrecht und Rechtsphilosophie
an der Universität Basel

⊗ Gedruckt auf säurefreiem Papier,
das die US-ANSI-Norm über Haltbarkeit erfüllt.

Die Deutsche Bibliothek – CIP-Einheitsaufnahme

Stratenwerth, Günter:
Was leistet die Lehre von den Strafzwecken? : Überarbeitete
Fassung eines Vortrages gehalten vor der Juristischen
Gesellschaft zu Berlin am 19. Oktober 1994 / Günter
Stratenwerth. – Berlin ; New York : de Gruyter, 1995
   (Schriftenreihe der Juristischen Gesellschaft e. V. Berlin ; H. 139)
   ISBN 3-11-014902-8
NE: Juristische Gesellschaft <Berlin, West>: Schriftenreihe der
Juristischen ...

© Copyright 1995 by Walter de Gruyter & Co., D-10785 Berlin
Dieses Werk einschließlich aller seiner Teile ist urheberrechtlich geschützt. Jede Verwertung außerhalb der
engen Grenzen des Urheberrechtsgesetzes ist ohne Zustimmung des Verlages unzulässig und strafbar. Das gilt
insbesondere für Vervielfältigungen, Übersetzungen, Mikroverfilmungen und die Einspeicherung und Verar-
beitung in elektronischen Systemen.
Printed in Germany
Satz und Druck: Saladruck, Berlin
Buchbinderische Verarbeitung: Dieter Mikolai, Berlin

Was leistet die Lehre von den Strafzwecken?

I.

Das Nachdenken über Sinn und Zweck der öffentlichen Strafe hat von alters her nicht nur der Frage gegolten, ob und inwiefern eine solche Sanktion überhaupt zu rechtfertigen ist, sondern fast immer auch die Konsequenzen betroffen, die daraus für deren Art und Maß im einzelnen zu ziehen wären. Erst mit der Neuzeit und insbesondere mit der Aufklärung beginnen allerdings die Versuche, sich mit den möglichen Strafzwecken, auch mit ihren Antinomien, differenzierter zu befassen[1], und das heißt, die unterschiedlichen Folgerungen genauer herauszuarbeiten, zu denen sie in Theorie und Praxis führen müssen. In der berühmten Kontroverse zwischen *Grolman* und *Feuerbach* findet diese Auseinandersetzung ihren ersten Höhepunkt. Den anderen bildet natürlich der Schulenstreit an der Wende zu unserem Jahrhundert. Dabei bestand der spektakuläre Schritt, den *v. Liszt* vollzogen hat, weniger in der Wiederaufnahme des Gedankens der Spezialprävention, den *Grolman* schließlich erfolglos verteidigt hatte, als vielmehr in dem Anspruch, den Streit der Straftheorien endgültig, mit den Mitteln der empirischen Wissenschaften, entscheiden zu können, sofern nur das Verbrechen als soziale Erscheinung, die Strafe als soziale Funktion untersucht und „die rechtsgüterschützende, verbrechensverhütende Wirkung der Strafe mit *wissenschaftlicher* Bestimmtheit" festgestellt werde[2]. In solcher Weise verbürgte Verbrechensprävention als wenn nicht einziger, so doch primärer Zweck der Strafe – das ist eine Vorstellung, der wir bekanntlich noch heute auf weite Strecken folgen.

Im Verlaufe dieser Entwicklung hat sich der Kreis der Fragen, die mit Hilfe der Strafzwecklehre entschieden werden sollen, beständig ausgeweitet. Ging es in Antike und Mittelalter durchweg noch sehr allgemein um die vernünftige und maßvolle Handhabung des Strafrechts überhaupt, so beginnt mit der Aufklärung die genauere Auseinandersetzung mit einzelnen Arten der Strafe, die als unzulässig, grausam, schädlich oder doch nutzlos bekämpft werden[3]. Die „moderne" Schule entwickelt dann bekanntlich aus dem Strafzweck der Spezialprävention bereits ein umfassendes System strafrechtlicher Sanktionen, das uns bis zur Gegenwart beschäftigt. Es

---

[1] *Seelmann*, ZStrW 101 (1989) 335, 341 f.
[2] *v. Liszt*, Strafrechtliche Aufsätze und Vorträge, Bd. 1, 1905, 162.
[3] Vgl. *Seelmann* (Fn. 1), 339 ff, 346 ff.

könnte daher als ein gewissermaßen fälliger Schritt der dogmengeschichtlichen Entwicklung erscheinen, was heute als die (vorerst?) höchste Stufe der strafrechtstheoretischen Reflexion gerühmt wird: nämlich der Versuch, nunmehr auch die wesentlichen Regeln der strafrechtlichen Zurechnung mehr oder minder unvermittelt auf die Strafzwecke, auf Gesichtspunkte der Prävention, zurückzuführen[4].

Natürlich war hier immer schon insofern ein Zusammenhang gegeben, als der „Zweck" einer Strafe, die das Verbrechen (zumindest auch) vergelten soll, einen Schuldvorwurf voraussetzt, um den sich seinerseits die Lehre von der Straftat in allen ihren Teilen dreht. Was möglicher Gegenstand strafrechtlicher Wertung sein kann, folgt aus den Kategorien solcher Wertung[5]. Das war gemeint, wenn *Radbruch* vom dreigliedrigen Verbrechensaufbau *Belings* sagte, die Merkmale des Verbrechens seien „nunmehr alle aus dem Zweck der Strafe abgeleitet"[6], oder wenn *Schmidhäuser* die von ihm entwickelte Systematik der Straftatmerkmale in dem Sinne als „teleologisch" verstanden wissen wollte, daß sie bewußt auf die Rechtsfolge der Strafe ausgerichtet war, um die es geht[7]. Darin bereits das Programm eines *zweckrationalen* Strafrechtssystems zu sehen, ist eine grobe Verzeichnung der Zusammenhänge[8]. Von Zweckrationalität kann erst dort die Rede sein, wo die von den *relativen* Theorien proklamierten Strafzwecke auf die Lehre von der Straftat rückbezogen werden, wo die Strafrechtsdogmatik, grob gesagt, als Derivat der Kriminalpolitik verstanden wird. *Dieser* Weg ist, in Ansätzen, erst von *Roxin* im Jahre 1970 beschritten worden[9], hat seitdem aber eine nicht geringe Zahl von Anhängern gefunden. Dabei beschränkte sich *Roxin* im wesentlichen zunächst noch darauf, einige Regeln der strafrechtlichen Schuldlehre auf Gesichtspunkte der Prävention zurückzu-

---

[4] Siehe vor allem *Schünemann*, in: ders. (Hrsg.), Grundfragen des modernen Strafrechtssystems, 1984, 1, 18 ff, 45 ff; *Roxin*, Strafrecht, Allg. Teil, 2. Aufl. 1994, § 7 N. 11 ff.

[5] Vgl. *Stratenwerth*, Strafrecht, Allg. Teil I, 1971, Rdnr. 3: „Der Charakter einer Rechtsfolge umgrenzt notwendigerweise die Sachverhalte, auf die sie sich beziehen soll."

[6] In: Festgabe für Frank, Bd. 1, 1930, 158, 162 f.

[7] Strafrecht, Allg. Teil, 2. Auf. 1975, 140; sachlich ebenso schon in: Gedächtnisschrift für Radbruch, 1968, 268, 276.

[8] So aber *Schünemann* (Fn. 4), 46 mit Fn. 97; vgl. auch dessen Bezugnahme auf *Radbruch* in: Festschrift für Rudolf Schmitt, 1992, 117, 122 mit Fn. 19.

[9] In: Kriminalpolitik und Strafrechtssystem, 1970; 2. Aufl. 1973. – Versuche, die Kriterien der strafrechtlichen Zurechnung von den Strafzwecken her zu bestimmen, finden sich nach *Seelmann* (ZStrW 97 [1985] 241 ff) allerdings schon bei den Autoren des 17. und 18. Jahrhunderts. Auch hat beispielsweise *v. Liszt* bereits über die Konsequenzen rein spezialpräventiven Denkens für die Bedeutung der Zurechnungsfähigkeit nachgedacht, um nur dieses Moment zu nennen (Strafrechtliche Aufsätze und Vorträge, Bd. 2, 1905, 214 ff). Ein reines „Grabenkonzept" (*Schünemann*, in: Feschrift für Schmitt [Fn 8], 125) hat es nie gegeben.

führen. Andere, wie *Amelung*, haben geltend gemacht, daß die Kriminalpolitik (natürlich) auch bei der Umschreibung strafbaren Unrechts im Spiel sei[10], oder haben, wie *Jakobs*, ganze Lehrgebäude auf der Prämisse errichtet, daß es letztlich für jede Regel der strafrechtlichen Zurechnung eine zureichende präventive Deutung gebe[11]. Als gemeinsamer Nenner fungiert der Sammelbegriff eines *funktionalen* (oder eben auch zweckrationalen) Strafrechtssystems[12].

Ich habe mich mit funktionalen Deutungen des Schuldbegriffs bereits früher auseinandergesetzt[13] und möchte das hier nicht wiederholen. Mein heutiger Vortrag setzt sozusagen am anderen Ende an, wenn er die Frage aufwirft, ob die Lehre von den Strafzwecken überhaupt leisten kann, was ihr mit dem Funktionalismus zugemutet wird. Um die These vorwegzunehmen: Ich meine, sie kann es nicht. Natürlich muß sich das Strafrecht als profanes Instrument der Sozialkontrolle auch durch die Zwecke rechtfertigen, die es erfüllen soll. Sobald die relativen Straftheorien jedoch, sehr viel weitergehend, dazu dienen sollen, über die Grundstrukturen der strafrechtlichen Zurechnung oder auch nur über Art und Maß der strafrechtlichen Sanktion im einzelnen zu entscheiden, werden sie, soweit es nicht um bloße Randkorrekturen geht, hoffnungslos überfordert. Was als „funktionale" Deutung auftritt, erweist sich deshalb auf weite Strecken als bloße straftheoretische Behauptung von großer Beliebigkeit, die bestenfalls plausibel sein mag, zumeist aber nicht einmal den Anspruch erhebt, rational – und das heißt empirisch – überprüfbar zu sein. Damit ist niemandem gedient. Voraussetzungen und Modalitäten der strafrechtlichen Haftung mehr oder minder ausschließlich aus bestimmten kriminalpolitischen Zwecksetzungen ableiten zu wollen, bedeutet vielmehr, sich auf eine Form des instrumentellen Denkens festzulegen, die wesentliche soziokulturelle Aspekte des Strafrechts gar nicht mehr in den Blick kommen läßt. Und es bedeutet zugleich, auch in der Straftheorie Denkschemen zu konservieren, von denen sie sich angesichts neuerer Entwicklungen des Strafrechts selbst lösen sollte.

Ich möchte versuchen, diese Einwände näher zu begründen.

II.

Das macht es nötig, zunächst den heutigen Stand der Strafzweckdiskussion zusammenzufassen, sich zu vergegenwärtigen, was danach über Sinn

---

[10] In: Schünemann (Hrsg.), Grundfragen (oben Fn. 4), 85, 90 f.
[11] Siehe vor allem: Strafrecht, Allg. Teil, 2. Aufl. 1992.
[12] Vgl. nur noch *Roxin* (Fn. 4), § 7 N. 23 ff.
[13] In: Die Zukunft des strafrechtlichen Schuldprinzips, 1977.

und Zweck der Strafe überhaupt noch gesagt werden kann. Diese Frage hat in der deutschsprachigen Strafrechtsliteratur der letzten Jahrzehnte bekanntlich einen unverhältnismäßig großen Raum eingenommen, auch im Vergleich zu der ohnehin exponentiell wachsenden Zahl juristischer Publikationen. Darin äußert sich offenkundig das verbreitete Empfinden, daß die traditionellen Antworten nicht mehr genügen, daß die möglichen Strafzwecke anders oder doch genauer als bisher bestimmt werden müssen, auch wenn die Auseinandersetzung gemeinhin noch immer in den überkommenen Begriffskategorien von absoluten und relativen Theorien, von Vergeltung, Generalprävention und Spezialprävention geführt wird.

1. Noch am wenigsten von der Saat des Zweifels angekränkelt zeigen sich allerdings die Anhänger einer absoluten Straftheorie, schon immer, wie *Kant* beispielhaft gezeigt hat, unbeirrbare Verfechter rein dogmatischer Positionen. Am erstaunlichsten ist vielleicht, daß es sie überhaupt noch gibt. Das apodiktische Urteil *Roxins*, vor knapp zehn Jahren ausgesprochen, daß eine absolute Theorie „heute nicht mehr vertreten" werde und „auch in einem modernen Staat, für den die Strafe ein sozialpolitisches Instrument ist, nicht mehr vertreten werden" könne[14], dieses Verdikt war jedenfalls voreilig, ganz ebenso wie die entgegengesetzte, ein Jahrhundert früher, am Vorabend des Schulenstreits, von *Binding* getroffene Feststellung, daß eine relative Straftheorie „in unserer Wissenschaft eine Stellung nicht mehr beanspruchen" könne[15]. Der schon 1968 von *Ulrich Klug* proklamierte „Abschied von *Kant* und *Hegel*"[16] hat vorerst nicht stattgefunden. Für die Vertreter reiner Schuldvergeltung aber verbieten sich natürlich alle Zugeständnisse an einen wie immer gearteten Funktionalismus. Soweit sie der Gedanke an konkrete Strafzwecke nicht völlig unberührt läßt, lösen sie das Problem auf ihre Weise, im Sinne einer prästabilierten Harmonie. So versichert etwa *Ernst Amadeus Wolff*, die „Rechtstreue" der Bevölkerung könne nur durch eine Verurteilung gestärkt werden, die sich als gerechter Ausgleich schuldhafter Tat darstellt, auch wenn er sieht, daß die tatsächlichen Sanktionserwartungen das Maß der schuldangemessenen Strafe durchaus über-, aber auch unterschreiten können: Was „Rechtstreue" ist, wird einfach normativ, als „dauerhafte Aneignung wirklicher Einsicht" definiert[17]. Und so glaubt etwa *Michael Köhler* generalpräventive Rücksichten dadurch in die absolute Theorie integrieren zu können, daß er die außergewöhnliche Häufung von Straftaten einer bestimmten Art, zulässi-

---

[14] In: Schöch (Hrsg.), Wiedergutmachung und Strafrecht, 1987, 47. Das hier wiedergegebene Symposion hat 1985 stattgefunden.
[15] Grundriß der Vorlesungen über deutsches Strafrecht, 2. Aufl. 1878, 94.
[16] In: Jürgen Baumann (Hrsg.), Programm für ein neues Strafgesetzbuch, 1968, 36 ff.
[17] *E. A. Wolff*, ZStrW 97 (1985) 786, 803 f.

ger Strafschärfungsgrund nach der Praxis des BGH[18], als einen Umstand betrachtet, der auch den Unrechtsgehalt der einzelnen Tat erhöhe und dem Täter folglich zur Schuld zugerechnet werden könne[19], ungeachtet der Tatsache, daß der Täter diesen Zusammenhang schwerlich durchschauen wird. Von hier aus bleibt der alte Grundeinwand gegen die absoluten Straftheorien prinzipiell bestehen: Auch wenn sie der Strafe die Wirkung zuschreiben, einen manifesten sozialen Konflikt tasächlich aus der Welt zu schaffen (wie es etwa bei *Hegel*, wird er zutreffend interpretiert, der Fall gewesen sein dürfte[20]), haben sie zu ihr als einem realen gesellschaftlichen Geschehen, als einer bestimmten Form der Interaktion zwischen betroffenen Menschen, nichts zu sagen. Das läßt sie innerhalb der Strafzweckdiskussion denn doch als eine eher marginale Position erscheinen.

2. Aber auch die relativen Straftheorien haben in ihrer traditionellen Form zumindest insoweit alle Überzeugungskraft verloren, wie sie einen einzigen oder doch allein maßgeblichen Strafzweck proklamieren.

a) Das gilt zunächst für die Generalprävention in ihrer heute als „negativ" apostrophierten Variante, als die durch Androhung und Verhängung von Strafe zu bewirkende Abschreckung potentieller Gesetzesbrecher. Während dieser Gedanke in der öffentlichen Meinung und wohl auch in der Rechtsprechung, insbesondere bei der Strafzumessung, noch eine sehr erhebliche Rolle spielt, hat er in der Wissenschaft allen Kredit verloren. Hier bleibt theoretisch zunächst der alte, wiederum auf Kant und Hegel zurückweisende prinzipielle Einwand, daß Abschreckung ihre Adressaten zu bloßen Dressurobjekten erniedrige. Von wohl noch größerem Gewicht dürfte daneben die sozialwissenschaftlich abgestützte Feststellung sein, daß das bei der Abschreckungsprävention vorausgesetzte Modell der Beeinflussung menschlichen Verhaltens der Wirklichkeit, wenn überhaupt, so nur partiell entspricht. Entscheidungen für oder gegen die Begehung einer Straftat werden normalerweise weder in rationaler Abwägung der Vor- und Nachteile, noch sozusagen punktuell, von Fall zu Fall getroffen. Sie entsprechen zumeist längerfristig maßgebenden Wertüberzeugungen und Verhaltensdispositionen, und welche Rolle externer Druck beim Erwerb und bei der Aufrechterhaltung solcher Dispositionen spielt, ist vorerst völlig unbekannt[21].

Daran haben auch die zahllosen empirischen Untersuchungen nichts geändert, die inzwischen mit dem Ziel unternommen worden sind, signifikante Zusammenhänge zwischen einer bestimmten Strafpraxis und der Kri-

---

[18] BGHSt 17, 321, 324.
[19] Über den Zusammenhang von Strafrechtsbegründung und Strafzumessung, erörtert am Problem der Generalprävention, 1983, 49 ff.
[20] Vgl. *Seelmann*, JuS 1979, 687, 691.
[21] Dazu neuestens *Baurmann*, GA 141 (1994) 368, 371 ff.

minalitätsentwicklung aufzuweisen. Die Wirkungsmechanismen der negativen Generalprävention haben sich, um *Michael Bock* zu zitieren, auf diesem Wege bisher nicht erschlossen[22]. Einigermaßen gesichert ist nur der Befund, daß die Geltung einer Norm allerdings davon abhängt, ob ihre Übertretung strafrechtlich sanktioniert wird, während es auf Art und Maß der Sanktion innerhalb eines weiten Spektrums nicht anzukommen scheint: „Jede Strafe, welche den Normbruch überhaupt deutlich macht und nicht verharmlost, ist geeignet, die generalpräventive Aufgabe des Strafrechts zu erfüllen", hat *Schöch* das Ergebnis einer von ihm zusammen mit *H.-L. Schreiber* geleiteten Erhebung resümiert, durchaus im Einklang mit anderen Analysen[23]. Es gilt der Slogan von der (weitgehenden) „Austauschbarkeit der Sanktionen"[24]. Und wenn man Anfang der 70er Jahre, mit *Roxin*, noch fragen konnte, was zu der Annahme berechtige, daß der generalpräventive Effekt der Strafe, im Unterschied zu dem der Spezialprävention, sicher sei[25], kann man heute eigentlich, wiederum mit *Roxin*, nur antworten: es sei allein der Umstand, daß sich diese Annahme jedenfalls nicht widerlegen läßt[26].

b) Nicht weniger prekär ist inzwischen die Stellung des traditionell gefaßten Strafzwecks der Spezialprävention. Er leidet ja ohnehin an dem gewissermaßen angeborenen Defekt, daß er über den Sinn der Androhung von Strafe gar nichts sagen, sondern überhaupt erst dann praktisch werden kann, wenn das Kind bereits im Brunnen liegt. Was hingegen die einzelnen Formen spezialpräventiver Einwirkung auf den Straftäter anbetrifft, so teilt die Abschreckung des Gelegenheitsdelinquenten, mit dem Schlagwort vom „short sharp shock" wieder zu einigen Ehren gebracht, im Grunde die Schwächen der negativen Generalprävention, als deren Spezialfall sie gesehen werden kann: Man weiß nicht recht, was das zugrundeliegende Verhaltensmodell taugt, und – von den notorischen Nachteilen vollziehbarer kurzer Freiheitsstrafen abgesehen – so gut wie nichts darüber, wie sich Abschreckung im unteren Sanktionsbereich allenfalls bewirken ließe. Auf der anderen Seite paßt die bei *v. Liszt* noch „Unschädlichmachung" genannte Sicherung im heutigen System der Sanktionen als *Straf*zweck ohnehin nur auf den Freiheitsentzug, also nur auf einen sehr kleinen Ausschnitt der Strafpraxis, und bezeichnet auch hier zumeist eher eine Nebenfolge als den eigentlichen Sinn der Sanktion. Also bleibt nur die „Besserung" oder Resozialisierung, und bei ihr wird es erst recht schwierig.

---

[22] JuS 1994, 89, 95 f.
[23] In: Festschrift für Jescheck, 1985, Hlbd. 2, 1081, 1104.
[24] Vgl. nur *Kaiser*, Kriminologie, 9. Aufl. 1993, 128.
[25] ZStrW 84 (1972) 993, 996.
[26] Allg. Teil (Fn. 4), § 3 N. 30.

Eigentlicher Strafzweck kann wohl auch sie nur bei der Freiheitsstrafe sein. Insoweit aber wissen wir im Grunde nur, daß es mit dem über Jahrhunderte für richtig gehaltenen Rezept der „Gewöhnung [des Straffälligen] an regelmäßige, ehrliche Arbeit", das selbst *v. Liszt* noch vertreten hat[27], jedenfalls nicht getan ist. Von gesicherten Erkenntnissen darüber, welche Form einer Sozialtherapie bei welcher Art von dissozialem Verhalten unter Umständen hilfreich sein könnte, kann dagegen vorerst keine Rede sein. Die bisherigen Ergebnisse der Evaluation sozialtherapeutischer Behandlung sind durchweg enttäuschend[28], so daß ein Freiheitsentzug unter *diesem* Gesichtspunkt als relativ zwecklos, wenn nicht als kontraproduktiv erscheinen muß[29]. Damit aber erhalten die prinzipiellen Bedenken gegen den Strafzweck der „Besserung" ein um so größeres Gewicht, wie vor allem der schwer zu entkräftende Einwand, daß auch der Versuch einer Resozialisierung, wird er dem Straffälligen aufgezwungen, ihn zum Objekt manipulativer Techniken erniedrige[30]. Was sich von hier aus vertreten läßt, ist allein ein Angebot von Hilfe bei der Bewältigung von Lebensschwierigkeiten, und so nötig oder sinnvoll das sein mag, so wenig kann es der primäre Zweck der Strafe sein.

3. Daß sich die traditionellen Strafzwecklehren, verglichen mit der Unfehlbarkeit, die sie im Schulenstreit der Jahrhundertwende behauptet haben, nur noch in vielfältiger Brechung und Relativierung vertreten lassen, ist sicherlich einer der Gründe für die Konjunktur, deren sich eine schon auf den ersten Blick weniger angreifbare Version, die Theorie der sogenannten positiven Generalprävention, zur Zeit erfreut. Es geht dabei, wie man weiß, um die Bekräftigung des Geltungsanspruchs der strafrechtlich geschützten Norm oder auch der Rechtsordnung als ganzer. Der Gedanke ist an sich nicht neu. Man kann auch ihn, wenn man will, auf *Hegel* zurückführen und jedenfalls schon in einem der Kernsätze von *Hellmuth Mayers* Lehrbuch des Allgemeinen Teils von 1953 ausgesprochen finden; Danach soll „das Hauptverdienst der Strafe ... in ihrer sittenbildenden Kraft" liegen, bezogen nicht nur auf die Durchsetzung neuer, sondern eben auch auf die Bestätigung bereits anerkannter sozialer Normen[31]. Heute werden vor allem die vom Bundesgerichtshof zum Begriff der „Verteidigung der Rechtsordnung" geprägten und vom Bundesverfassungsgericht übernommenen Formeln rezitiert, nach denen das Strafrecht „das Vertrauen der Bevölkerung in die Unverbrüchlichkeit des Rechts und in den Schutz der

[27] Aufsätze und Vorträge (Fn. 9), 209.
[28] Vgl. zuletzt *Ortmann*, ZStrW 106 (1994) 782, 817 ff.
[29] *Bock* (Fn. 22), 93 ff.
[30] Dazu eingehend *Baurmann*, Zweckrationalität und Strafrecht, 1987.
[31] Strafrecht, Allg. Teil, 1953, 23.

Rechtsordnung vor kriminellen Angriffen"[32], oder kürzer: das Vertrauen in die „Bestands- und Durchschlagskraft der Rechtsordnung", zu erhalten und zu stärken habe[33].

Hinzugekommen ist inzwischen das Bemühen, in einer für die deutsche Strafrechtslehre höchst charakteristischen Weise zwischen einer Vielzahl von Wirkungen, in denen sich die positive Generalprävention entfalten soll, begrifflich zu unterscheiden. Gesehen werden, außer dem von der Rechtsprechung hervorgehobenen „Vertrauenseffekt", ein „Lerneffekt", der aus der Demonstration der Unkosten strafbaren Verhaltens resultieren soll, eine Form der Einübung in Rechts- oder Normtreue, die der guten alten Abschreckung verdächtig nahekommt, ferner ein auch als „Integrationsprävention" etikettierter „Befriedungseffekt", den die Erledigung des durch die Straftat geschaffenen Konflikts haben soll[34], und schließlich noch weitere segensreiche Einflüsse sowohl auf den Täter in Gestalt der „Einübung in die Akzeptation der Konsequenzen" seiner Tat[35] wie auf die Allgemeinheit kraft der Vorbildfunktion von Strafrecht und Strafe für den humanen Umgang mit Abweichungen von der Norm[36].

An diese verwirrende Fülle nebeneinander- und vielleicht auch gegeneinanderlaufender Strafzwecke konkrete Folgerungen zu knüpfen, könnte auf den ersten Blick als wenig aussichtsreich erscheinen. Dem steht jedoch der tröstliche Befund gegenüber, daß sie sämtlich vorerst und bis auf weiteres empirisch nicht überprüfbar sind. Für die Integrationsprävention hat *Müller-Dietz* angesichts der Komplexität menschlichen Sozialverhaltens schon vor Jahren die Frage aufgeworfen, „ob sich die Kriterien, die an ein entsprechendes methodisches Instrumentarium zu stellen wären, überhaupt erfüllen lassen"[37]. *Michael Bock* hat in neuerer Zeit nicht nur hinzugefügt, daß man über positive Generalprävention nach wie vor „so gut wie nichts" wisse, sondern ihr, eher ironisch, sogar bescheinigt, „gegen empirische Forschung immun" zu sein[38]. Und jedenfalls beschäftigen sich die Sozialwissenschaften bislang noch immer mit bloßen „Vorüberlegungen zu einer empirischen Theorie der positiven Generalprävention", wie sie jüngst etwa von *Baurmann* zur Diskussion gestellt worden sind[39]. Unter diesen Umständen kann nicht wundernehmen, daß die Theorie der positiven Ge-

---

[32] BGHSt 24, 40, 46.
[33] BVerfGE 45, 187, 255 ff.
[34] Insoweit übereinstimmend *Jakobs* (Fn. 11), 13 f; *Roxin* (Fn. 14), 48; Allg. Teil (Fn. 4), § 3 N. 27.
[35] So *Jakobs*, a.a.O. (Fn. 34).
[36] So *Hassemer*, Einführung in die Grundlagen des Strafrechts, 2. Aufl. 1990, 326 f.
[37] In: Festschrift für Jescheck, 1985, Hlbd. 2, 813, 821.
[38] ZStrW 103 (1991) 636, 654, 656; vgl. auch (Fn. 22) 96 ff.
[39] GA 141 (1994) 368 ff.

neralprävention in ihrer neuesten Version, umgetauft in „funktionale Ver-
geltungstheorie", schon gar nicht mehr in Anspruch nimmt, Aussagen über
die Wirklichkeit zu machen: Der Strafzweck der „Einübung in Normver-
trauen" darf nach *Heiko Lesch* nicht etwa „in einem empirisch nachweis-
baren realpsychologischen Sinne" verstanden werden, sondern soll allein
besagen, „daß man sich auch künftig weiterhin an der Norm orientieren
darf, daß man im Recht ist, wenn man auf deren Geltung vertraut"[40]. Dem-
gegenüber hatte *Jakobs* der Strafe doch immerhin noch die *reale* Wirkung
zugeschrieben, „daß die Norm faktisch taugliches Orientierungsmuster für
soziales Verhalten bleibt"[41].

Wie dem aber auch sei – die eigentliche Pointe der Theorie der positiven
Generalprävention, der sie ihre besondere Attraktivität verdankt, dürfte gerade darin bestehen, daß sie sich *nicht* auf einen hinreichend präzis bestimmten Strafzweck festlegen läßt, mit ihrem breiten Sortiment an möglichen Effekten der Strafe vielmehr praktisch jedem etwas zu bieten hat.
Dabei geht es, entgegen dem Etikett, keineswegs allein oder auch nur in
erster Linie um Verbrechensverhütung[42], sondern zunächst und vor allem
anderen schlicht und einfach um die weitreichende Entlastung, die der Bestand und die Sicherung der rechtlich geschützten Ordnung für jedermann
bedeuten. Die Staats-, insbesondere die Staatsvertragslehre spricht davon
seit der Antike. Natürlich ist es *eine* der Aufgaben, die Strafrecht und Strafe
zu erfüllen haben, auch Delikte zu verhindern, die ein bestimmter Täter
oder unbestimmte Dritte sonst möglicherweise oder wahrscheinlich begangen hätten. Aber die Geltung elementarer Rechtsnormen zu bekräfti-
gen, bedeutet sehr viel mehr. Es ist andererseits keineswegs allein die Sache
der Strafjustiz, dies zu tun. Insofern erscheint die Theorie der positiven Generalprävention nicht einmal mehr als eine spezifische Theorie der *Strafe*.

4. Definitiv gesprengt wird das überkommene Schema der Strafzwecke
von Vergeltung, General- und Spezialprävention im übrigen dadurch, daß
dem Strafrecht seit den frühen 80er Jahren mit steigendem Nachdruck eine
Aufgabe zugewiesen wird, die sich in ihm ohnehin nicht oder nur gewalt-
sam unterbringen läßt. Ich meine den Täter-Opfer-Ausgleich. Dabei steht
völlig außer Frage, daß die Wiedergutmachung des durch ein Delikt ange-
richteten Schadens auf weite Strecken dazu beitragen kann oder gar genügt,
den gestörten Rechtsfrieden wiederherzustellen. Aber die Wiederherstel-
lung des Rechtsfriedens, des Vertrauens auf die rechtlich geschützte Ord-

---

[40] So *Lesch*, JA 1994, 510, 590, 598. Dort ist dann trotzdem von einer Lage die Rede,
in der das Strafrecht seine Funktion, „hinreichende Normstabilisierung zu leisten", „faktisch (!) nicht mehr zu erfüllen vermag" (599).

[41] A.a.O. (Fn. 11) 10.

[42] Darin ist *Lesch* (Fn. 40), zuzustimmen.

nung, ist eben nicht identisch mit Prävention, wenn dieser Begriff noch einen faßbaren Sinn haben soll, auch dann nicht, wenn man sie volltönend Integrationsprävention tauft[43]. Wenig überzeugend sind erst recht Versuche, der Wiedergutmachung auch noch einen spezialpräventiven Sinn abzugewinnen. Denn dazu gehört zunächst eine sehr schlichte Vorstellung von Resozialisierung: des Inhalts, daß Wiedergutmachung den Täter zwinge, sich mit den Folgen seiner Tat und mit der Person des Opfers auseinanderzusetzen, und ihm, im Falle einer Aussöhnung der Beteiligten, die Wiedereingliederung erleichtere[44]. Außerdem und vor allem aber ist solchen Deutungen doch wohl entgegenzuhalten, daß sie den Gedanken des Täter-Opfer-Ausgleichs denaturieren, ihn als bloßes Mittel zum Zweck erscheinen lassen, als wäre die Wahrung der – ideellen und materiellen – Opferinteressen nicht auch *als solche* eine Aufgabe des Strafrechts, die es selbst dann noch zu erfüllen hätte, wenn es, wie in *Kants* berühmtem Insel-Beispiel, bis ans Ende aller Tage keine andere Straftat mehr zu verhüten gäbe. Kurz: Der Präventionszweck kann auch insoweit nicht mehr beanspruchen, „allgemein anerkannter Leitwert der Strafrechtspflege" zu sein[45].

III.

Nehmen wir von hier aus die eigentlich interessierende Frage wieder auf, ob und inwieweit sich aus der Lehre von den Strafzwecken bei diesem ihrem Stand konkrete rechtliche Folgerungen ableiten lassen, so dürfte von vornherein abzusehen sein, welche außerordentlichen, wenn nicht unüberwindlichen Schwierigkeiten dem entgegenstehen. Das betrifft vor allem eine zweckrationale oder funktionale Strafrechtsdogmatik, gilt im wesentlichen aber auch für den Bereich der strafrechtlichen Sanktionen. Ich möchte das etwas näher demonstrieren.

1. Um mit der neuesten Entwicklung zu beginnen, also mit den Strafrechtslehren, die sich anheischig machen, die Regeln der strafrechtlichen Zurechnung bis ins Detail hinein vom Strafzweck her einsichtig zu machen, so sollen danach, um nur Beispiele zu nennen, Bedürfnisse der Prävention schon der „Finalstruktur der menschlichen Handlung" eine Schlüsselfunktion zuweisen, weil ein Strafrecht, das sich die generalpräventive Einwirkung auf den Bürger zwecks Verhinderung rechtsgutsverletzenden Verhaltens zum Ziel gesetzt habe, über eine entsprechende Motivation der Rechts-

---

[43] Anders *Roxin* (Fn. 14) 48 ff; wie hier aber schon *Seelmann*, ZEE 25 (1981) 44, 51 ff; vgl. auch *Stratenwerth*, in: Wiedergutmachung und Strafrecht (Fn. 14), 60 f.

[44] *Roxin* (Fn. 4), § 3 N. 64.

[45] So aber *Schünemann* (Fn. 4), 46.

unterworfenen wirke[46]. Sie sollen weiterhin etwa für die hervorgehobene Bestrafung vorsätzlichen Handelns verantwortlich sein und auch den Inhalt des entsprechenden psychischen Substrats festlegen, unter dem Gesichtspunkt der Generalprävention wegen der „negativen sozialpsychologischen Auswirkungen und Gefahren für Rechtsgüter", die mit solchem Handeln in besonderem Maße verbunden seien, unter spezialpräventiven Aspekten hingegen deshalb, weil der „vorsätzlich Agierende ... denjenigen Täter [verkörpere], der typischerweise eher bzw. wiederum in besonderem Maße der Strafe bedarf"[47]. Erfordernisse der Generalprävention, im Sinne der Erhaltung von Normgeltung verstanden, sollen überhaupt „die ganze subjektive Tatseite, auch Vorsatz und Fahrlässigkeit sowie deren Unterscheidung" verständlich machen können[48]; sie sollen die Rolle der Schuldfähigkeit des Täters[49] ebenso wie die Behandlung des Verbotsirrtums[50] oder der Unzumutbarkeit rechtmäßigen Handelns[51] erklären und sogar bei so subtilen Zweifelsfragen wie der der angemessenen Einordnung spezieller strafbegründender Schuldmerkmale den Ausschlag geben[52]. Die Reihe derartiger Belege ließe sich fast beliebig verlängern.

Für eine solche funktionale oder zweckrationale Strafrechtsdogmatik bleibt, im Blick auf den zuvor referierten Stand der neueren Strafzweckdiskussion, zunächst das Rätsel zu lösen, wie sich beides vereinbaren läßt: die Begrenztheit und Unsicherheit der Straftheorien und die Stringenz der Folgerungen, die sie trotzdem erlauben sollen. Es ist ja nicht so, als wären sich ihre Vertreter der massiven Defizite unseres empirischen Wissens nicht bewußt. *Frisch* beispielsweise hat „die grundsätzliche Frage, ob Strafe überhaupt ein geeignetes Mittel zur Bekämpfung und Ahndung mißbilligter Verhaltensweisen" sei, ein Grundproblem genannt, für das eine „prinzipiell positive Antwort ... schlicht vorausgesetzt werden" müsse[53], und beim Thema der Strafzumessung sehr wohl darauf hingewiesen, daß exakte Aussagen über den generalpräventiven Abschreckungseffekt oder über die spezialpräventiv richtige Strafe derzeit überhaupt nicht möglich sind (und noch lange Zeit nicht möglich sein werden)[54]. Unter diesen Umständen hängen

---

[46] *Schünemann* (Fn. 4), 49.

[47] *Frisch*, Vorsatz und Risiko, 1983, 49 f.

[48] *Jakobs*, ZStrW 101 (1989) 516 ff.

[49] *Roxin*, in: Festschrift für Bockelmann, 1978, 279, 300 ff.

[50] *Jakobs* (Fn. 48), 533 ff.

[51] Vgl. nur *Roxin*, Kriminalpolitik (Fn. 9), 33 f; ders., Allg. Teil (Fn. 4), § 19 N. 3, § 22 N. 35 u. ö.

[52] *Niedermair*, ZStrW 106 (1994) 388, 393 ff.

[53] Tatbestandsmäßiges Verhalten und Zurechnung des Erfolgs, 1988, 140; vgl. auch Vorsatz und Risiko (Fn. 47), 48 mit Fn. 83.

[54] ZStrW 99 (1987) 365, 370 f.

Rückschlüsse auf Einzelfragen der Strafrechtsdogmatik schlicht in der Luft: *Wenn* sie einleuchten, dann gerade nicht aus Gründen der Prävention. Nicht wesentlich anders liegt es bei *Roxin*, der durchaus zugesteht, „daß wir über die generalpräventive Wirkung der Normen überhaupt wenig Gesichertes wissen"[55], und sich deshalb auf die schon erwähnte Feststellung zurückzieht, daß die Hypothese von der verbrechensverhindernden Wirkung der staatlichen Bestrafungspraxis „gerade deswegen ... kaum falsifizierbar" sei[56]. Wiederum ist nicht zu sehen, wie eine derart allgemeine Hypothese in konkrete Aussagen zu schwierigen Detailproblemen umgemünzt werden könnte, wenn nicht gerade umgekehrt von der Plausibilität einer Lösung auf die entsprechenden präventiven Bedürfnisse zurückgeschlossen würde. Dieselbe Strategie begegnet schließlich, um nur dieses Beispiel noch zu nennen, bei *Schünemann*, der einerseits nicht zögert, die Frage, unter welchen Bedingungen das Strafrecht generalpräventiv wirkt, als „ungelöst" zu bezeichnen[57], andererseits aber durchaus mitzuteilen weiß, daß „die positive oder Integrations-Generalprävention in der Regel die individuelle Vermeidbarkeit der Tat für den Täter voraus[setzt]"[58], oder auch, daß „das generalpräventive Strafbedürfnis von der Größe der durch die Straftat manifestierten Bedrohung der sozialen Friedensordnung abhängt"[59]. Dergleichen Behauptungen mögen ja, so unerwiesen sie auch sind, einigermaßen einleuchten, aber eben nur, weil sie an exakt diejenigen Wertüberzeugungen appellieren, die sie ihrerseits begründen sollen.

Aber auch wenn man über die massiven Begründungsdefizite zweckrationaler Strafrechtslehren in dem für sie entscheidenden Punkt des Mittel-Zweck-Zusammenhangs hinwegsehen wollte, bliebe eine weitere, kaum weniger gravierende Schwierigkeit: Der Konflikt möglicher Strafzwecke, der die Wissenschaft seit Jahrhunderten beschäftigt, mag heute einiges an Schärfe verloren haben, kann aber keineswegs als beigelegt gelten. Er äußert sich vielmehr gerade darin, daß divergierende Zwecke zumeist zu unterschiedlichen und höchstens zufällig zu kompatiblen Folgerungen führen. Damit ist dogmatisch wenig Staat zu machen. Wer funktionalistisch argumentiert, muß daher auch versuchen, die altbekannten Widersprüche der Straftheorien aus der Welt zu schaffen, und wie das geschieht, wird ansatzweise schon in einigen der zuvor zitierten Texte sichtbar. Am einfachsten ist

---

[55] In: Festschrift für Bockelmann (Fn. 49), 300.

[56] Allg. Teil (Fn. 4), § 3 N. 30.

[57] Grundfragen (Fn. 4), 191.

[58] In: Festschrift für Schmitt (Fn. 8), 135. Dagegen heißt es an anderer Stelle (Grundfragen [Fn. 4], 177), es treffe „für eine ... empirisch überprüfbare [!] Theorie der Generalprävention ... einfach nicht zu", „daß das generalpräventive Strafbedürfnis den Nachweis der individuellen Vermeidbarkeit voraussetze"!

[59] Grundfragen (Fn. 4), 191.

es sicherlich, einem Strafzweck den Vorrang zuzusprechen und andere entsprechend umzudefinieren oder nur insoweit anzuerkennen, wie sie sich mehr oder minder zwanglos mit ihm vereinbaren lassen. So verfahren bereits Vertreter absoluter Theorien, wenn, wie erwähnt, Bedürfnisse der Generalprävention auf die Tatschuld projiziert oder wenn Bemühungen um Resozialisierung zu Akten bloßen „Wohlwollens" herabgestuft werden[60]. Das funktionale Gegenstück findet sich etwa in der Versicherung, daß die schuldangemessene Strafe das generalpräventiv zu beschwichtigende Gerechtigkeitsgefühl „sozialpsychologisch" vollauf zufriedenstelle[61], oder in der These, Spezialprävention dürfe nur unter den Bedingungen der positiven Generalprävention stattfinden[62]. Das freilich ist gerade zweckrational kaum oder gar nicht zu begründen. Also wird häufiger auch der andere Weg beschritten, zwischen den Erfordernissen der General- und der Spezialprävention nun doch Übereinstimmung zu suggerieren. So soll, wie wir sahen, vorsätzliches Handeln ebenso wegen seiner „sozialpsychologischen Auswirkungen" wie zugleich deshalb besonders strafwürdig sein, weil der Täter hier in höherem Maße der Strafe bedürfe[63], als ließe sich über das spezialpräventiv Gebotene in solch pauschaler Weise urteilen. Oder es wird, wie ebenfalls schon angemerkt, der Sinn der Wiedergutmachung zunächst auf bloße Prävention eingeengt, um ihr dann freilich sowohl general- wie spezialpräventive Vorzüge zu attestieren[64], als ließe sich, mit demselben Recht, nicht auch vertreten, daß der Täter-Opfer-Ausgleich die Generalprävention „sachwidrig verkürzen" könnte[65]. Was sich als zweckrationale Ableitung darstellt, kann daher auch insoweit nur den Status höchst anfechtbarer Konstrukte beanspruchen, deren Erkenntniswert gering ist.

2. Es dürfte nicht überflüssig sein, hinzuzufügen, daß der Versuch, bestimmte Strafzwecke in konkrete rechtliche Folgerungen umzusetzen, im Bereich der Sanktionen im wesentlichen auf ähnliche Hindernisse stößt. Der Satz von der Austauschbarkeit der Sanktionen bedeutet ja doch, daß sich gerade nicht sagen läßt, welche Art von Strafe etwa general- oder auch spezialpräventiv wirksamer wäre, ob eine vollzogene oder eine zur Bewährung ausgesetzte Freiheitsstrafe, ob die eine oder andere Form von Freiheitsstrafe oder eine Geldstrafe, ob eine Freiheits- oder Geldstrafe mit oder ohne Fahrverbot usw. Das zeigt sich am deutlichsten dort, wo schon das Gesetz den Richter anweist, bestimmten Strafzwecken Rechnung zu tragen.

---

[60] So bei *Köhler* (Fn. 19), 14, 17.
[61] *Roxin*, Wiedergutmachung (Fn. 14), 48.
[62] *Jakobs* (Fn. 11), 26.
[63] *Frisch*, a.a.O. (Fn. 47).
[64] *Roxin*, a.a.O. (Fn. 44).
[65] *Hirsch*, ZStrW 102 (1990) 534, 536, 545 f.

Aufschlußreich ist insbesondere die Praxis zu der bereits erwähnten Formel von der „Verteidigung der Rechtsordnung" (§§ 47, 56 III, 59 I StGB). Nach der Entstehungsgeschichte sollte sie, in Anlehnung an *Hellmuth Mayer*, den generalpräventiven Vorbehalt zum Ausdruck bringen, daß spezialpräventive Rücksichten den Geltungsanspruch der strafrechtlich geschützten Normen nicht gefährden dürften[66], und so wird sie heute auch ganz überwiegend aufgefaßt. Nur sind die empirischen Wissenschaften, wie wir sahen, völlig außerstande, die Informationen zu liefern, auf die es dabei eigentlich ankäme. Infolgedessen klingt es zwar als eine Rückfrage nach den tatsächlich zu erwartenden Konsequenzen des Verzichts auf eine Freiheitsstrafe unter 6 Monaten oder auf die Vollstreckung einer Freiheitsstrafe von 6 oder mehr Monaten, wenn es darauf ankommen soll, ob dies „von der Bevölkerung angesichts der außergewöhnlichen konkreten Fallgestaltung als ungerechtfertigte Nachgiebigkeit und unsicheres Zurückweichen vor dem Verbrechen verstanden werden könnte"[67]. Aber der Bundesgerichtshof weiß natürlich, daß über voraussichtliche Reaktionen der Öffentlichkeit Verläßliches von vornherein nicht zu erfahren ist, zumal sie, wie er selbst hervorhebt, auch von Bedingungen abhängen, auf die die Praxis ohnehin kaum Einfluß nehmen kann, wie beispielsweise davon, ob die Bevölkerung über Strafurteile voll und zutreffend unterrichtet wird[68] oder welches Maß an „Verständnis und Aufgeschlossenheit für eine moderne Kriminalpolitik" bei ihr besteht[69]. Er weicht daher auf das andere Verfahren aus, eine ganze Reihe von tat- und täterbezogenen Umständen aufzuzählen, die nach seiner Auffassung darüber, was die Verteidigung der Rechtsordnung erfordert, entscheiden *könnten* oder sollten, und diese Umstände sind, wie *Stree* trocken bemerkt hat, sämtlich solche, „die die Rechtsprechung schon früher, und zwar im Rahmen des Sühnebedürfnisses, berücksichtigt hat"[70]. Auch hier begegnet also wieder die Auskunft, normative Entscheidungen auf Bedürfnisse der Prävention zu stützen, die ihrerseits nur behauptet werden können, wenn man die entsprechenden Wertungen zuvor der Allgemeinheit unterstellt. Es ist daher nicht mehr als konsequent, wenn die Praxis Beweisanträge, die darauf abzielen, die möglichen Folgen eines Urteils beispielsweise durch eine Repräsentativ-Umfrage erkunden zu lassen, durchweg als unzulässig zurückweist[71]: Es geht um Fragen, die sich auf solchem Wege eben niemals klären lassen. Ich brauche wohl nicht näher aus-

---

[66] *Naucke* u.a., „Verteidigung der Rechtsordnung", 1971, 24 ff.
[67] BGHSt 24, 40, 46.
[68] BGHSt 24, 64, 69.
[69] *Zipf*, in: Festschrift für Bruns, 1978, 205, 220.
[70] In: *Schönke/Schröder*, Strafgesetzbuch, 24. Aufl. 1991, N. 20 vor §§ 38 ff.
[71] Vgl. *Horn*, SK StGB, Allg. Teil, 6. Aufl. 1994, N. 33 zu § 47, mit Nachweisen.

zuführen, daß es bei der spezialpräventiv unerläßlichen „Einwirkung auf den Täter" (§ 47) nicht wesentlich anders liegt.

Das gilt schließlich und endlich auch für die Strafzumessung im engeren Sinne, wenn über die generalpräventiven oder diejenigen Wirkungen eines bestimmten Strafmaßes befunden werden soll, die „für das künftige Leben des Täters in der Gesellschaft zu erwarten sind" (§ 46 StGB). Es dürfte genügen, hier *Eckhard Horn* mit dem ernüchternden Fazit zu zitieren, daß die Vorstellung, „es sei möglich, eine bestimmte Strafzeit (-dauer, -höhe) an Gesichtspunkten der Prävention – welcher Provenienz auch immer – auszurichten", „gänzlich unbegründet" sei. Auch nur einigermaßen verifizierbare Kriterien hierfür gebe es nämlich nicht[72]. Ich muß gestehen, daß dieses Verdikt auch meine eigenen früheren, vor mehr als zwanzig Jahren an dieser Stelle geäußerten Erwartungen trifft, es werde in absehbarer Zeit möglich sein, eine empirisch abgestützte Strafzumessung zu entwickeln[73]. Die auf mangelndes Erfahrungswissen verweisenden Skeptiker[74] haben (leider) recht behalten. Das heißt nicht, daß darauf verzichtet werden sollte oder auch nur dürfte, die Teilerkenntnisse über die tatsächliche Wirksamkeit strafrechtlicher Sanktionen, die heute trotz allem vorliegen, bei der Strafzumessung zu berücksichtigen. Aber es bedeutet doch, daß auch von hier aus bis auf weiteres nicht – oder nur auf sehr geduldigem Papier – daran gedacht werden kann, das, was wir im Strafrecht tun, in ein umfassendes System der Zweckrationalität zu integrieren.

IV.

Wenn diese Bilanz dessen, was die Lehre von den Strafzwecken – entgegen den weitreichenden Prätentionen, mit denen sie belastet worden ist – zumindest beim heutigen Stand der Dinge *nicht* leisten kann, richtig ist, so liegt es mehr als nahe, endlich auch zu fragen, welcher Stellenwert der ganzen wortreich geführten Diskussion der Straftheorien überhaupt noch zukommen kann, welchen Sinn sie noch haben soll. Dazu einige abschließende Bemerkungen.

Ein erster Hinweis dürfte auf der Hand liegen: Die kritische Relativierung der traditionellen Positionen, von der hier zu berichten war, bedeutet ja nicht, daß sie schlicht und einfach unzutreffend wären. Sie bedeutet nur, daß es nicht die *ganze* Wahrheit ist, was sie zur Geltung bringen. Aber ein Teil der Wahrheit ist es allemal. Die Strafe *hat* ohne Zweifel die Funktion,

---

[72] A.a.O. (Fn. 71), N. 26 zu § 46.

[73] Tatschuld und Strafzumessung, 1972, 31 ff (nach einem am 21. Mai 1971 vor der Juristischen Gesellschaft zu Berlin gehaltenen Vortrag).

[74] So insbesondere *Lackner*, JZ 1967, 513 ff; *ders.*, in: Festschrift für Gallas, 1973, 117, 133 ff.

den Rechtsbruch symbolisch aufzuheben, und kann sich deshalb für die philosophische Reflexion als die „Negation der Negation des Rechts" darstellen, die *Hegel* in ihr gesehen hat. Das hindert nicht, sie zugleich, konkreter, die Übelszufügung zu nennen, die sie für den Verurteilten darstellt. Es schließt ebensowenig aus, von ihr, unter bestimmten Voraussetzungen, die Verhinderung von Straftaten zu erwarten, die sonst vielleicht begangen worden wären, oder ihr, je nach Sachlage, die Aufgabe der Resozialisierung oder des Täter-Opfer-Ausgleichs zuzuschreiben, usw. Worum es geht, ist nicht, einen dieser möglichen Aspekte zu leugnen, sondern allein, sich seiner Verabsolutierung zu widersetzen. Keiner von ihnen kann Ausschließlichkeit beanspruchen.

Das heißt zunächst, daß ein einheitlicher Strafzweck nur auf sehr hohem Abstraktionsniveau formuliert werden kann, etwa dahin, daß das Strafrecht jedenfalls die *eine* Aufgabe hat, für die kontrollierte Abwicklung des Konflikts zu sorgen, den der Normbruch darstellt. Das ist der übergreifende Gedanke, der alle Schritte der Strafrechtspflege, vom Ermittlungsverfahren bis zur Strafvollstreckung und, wie ich denke, auch zur Wiedergutmachung miteinander verbindet. Was zur praktischen Umsetzung dieses Gedankens, mithin zu den einzelnen Strafzwecken gesagt wird, muß sehr viel konkreter sein. Dabei macht es zunächst schlicht keinen Sinn, die verschiedenen Ebenen der Abstraktion gegeneinander auszuspielen, also etwa *Hegel*, wie *v. Liszt* es getan hat, mit dem vielzitierten Satz vom „Blick in die erste beste Strafanstalt" zu verhöhnen, der „es auch dem blödesten Auge klarmachen müßte, daß die Strafe wahrlich etwas anderes ist als die dialektische Entwicklung des Rechtsbegriffes"[75], oder, aus der Gegenrichtung, den Gedanken der Abschreckungsprävention um des Prinzips willen zu verwerfen, wenn sich nicht leugnen läßt, daß die Strafe diese Wirkung in Grenzen tatsächlich *hat* (und haben will!). Die Diskussion der letzten Jahrzehnte sollte aber auch darüber belehrt haben, daß es ebensowenig Sinn hat, die konkreten Strafzwecke apodiktisch einander gegenüberzustellen, wie es etwa nun wieder bei der in den USA geführten Debatte um „just desert" geschieht. Der Rechtsbruch kann eine ganze Reihe von berechtigten Interessen berühren, der Versuch, ihn aufzuarbeiten, die Erfüllung ebenso vielfältiger Bedürfnisse erfordern, die sich in einer Mehrzahl möglicher Strafzwecke widerspiegeln können. Welches diese Bedürfnisse sind, hängt dabei zu einem guten Teil von den Umständen des Einzelfalles ab: Bei einer Affekttötung wird es, anders als bei Wirtschaftsdelikten, nicht um die Abschreckung Dritter, bei einem Mauerschützenprozeß nicht, wie bei Serientätern, um Rückfallverhütung, beim Drogenhandel nicht, wie vielleicht bei einem Vermögensdelikt, um Täter-Opfer-Ausgleich gehen.

---

[75] A.a.O. (Fn. 2), 330 f.

Nimmt man diese im Grunde ja längst bekannte Variabilität der Strafzwecke ernst, so sollte ferner – entgegen allen Vereinigungstheorien, auch
ihrer „dialektischen" Variante[76] – außer Frage stehen, daß die weitere Diskussion nicht den Sinn haben kann, zwischen ihnen eine Einheit herzustel-
len, die in der Sache nicht begründet ist. Dann sollte es, um nur dieses Beispiel noch einmal aufzugreifen, nicht länger nötig sein, das Bemühen um
Wiedergutmachung à tout prix auf Präventionsbedürfnisse zurückzuführen
und damit die traditionelle Mißachtung der Opferinteressen fortzuschrei-
ben. Was uns nach wie vor beschäftigen müßte, wäre vielmehr allein die
Frage, welche der verschiedenen Zwecke, die die Strafe erfüllen könnte, allgemein oder doch unter bestimmten Voraussetzungen Anerkennung ver-
dienen. Dabei wären mögliche Widersprüche zwischen diesen Zwecken nur
in der Weise zu „lösen", wie es auch sonst bei Interessenkonflikten geschieht: durch den Versuch, einen je nach ihrem Rang vertretbaren Ausgleich zu finden. Ich brauche wohl nicht zu wiederholen, daß dies unter
Einbezug aller Bruchstücke empirischen Wissens über die Wirkungen der
Strafe geschehen sollte, die wir bislang besitzen. Im übrigen bleibt nur der
Rückgriff auf mehr oder minder begründete Vermutungen, wobei die Un-
sicherheiten, die sich daraus ergeben, vernünftige Kompromisse, wie beispielsweise generalpräventive Zugeständnisse an die Spezialprävention,
auch erleichtern können. Vorausgesetzt ist nur, daß sie rückhaltlos als solche offengelegt und nicht zu Dogmen stilisiert werden.

Auch in dieser systematisch nicht überanstrengten Form kann die Straftheorie noch immer das leisten, wozu sie seit jeher in erster Linie bestimmt
war: mit dem Nachdenken über die Legitimation der öffentlichen Strafe zugleich einen kritischen Maßstab zu liefern, an dem die Realität sich messen
lassen muß. Sie kann es, wenn sie auf ganz konkrete Bedürfnisse und
Befunde abstellt, sogar nüchterner und präziser als eine allumfassende
systemfunktionale Konzeption, mit der sich, kraft ihrer Abstraktheit, alles
und jedes in Einklang bringen läßt. Öffentliche Strafe anzudrohen und zu
verhängen ist, als eine prekäre Form sozialer Interaktion, ein hochkomple-
xer Vorgang mit vielen Facetten, mit erwünschten und unerwünschten, un-
mittelbaren und indirekten, überschaubaren und unbekannten Folgen, der
nicht auf einen simplen Ursache-Wirkungs-Zusammenhang reduziert werden kann. Die Straftheorie muß den Rahmen bilden, in dem alle diese
Aspekte zu ihrem Recht kommen, mit der Freiheit, sie je nach dem Stande
unserer empirischen Kenntnisse und theoretischen Einsichten zu ergänzen
und zu revidieren, der vor allem aber dazu zwingt, die normativen Entscheidungen, die der Anerkennung und der Einstufung möglicher Strafzwecke zugrundeliegen, immer wieder zu überprüfen. Der Diskurs über

---

[76] Dazu *Roxin* (Fn. 4), § 3 N. 35.

Sinn und Zweck der Strafe ist, mit anderen Worten, kein Geschäft, das abgeschlossen wäre, wenn wir nur endlich die „richtige" Antwort gefunden hätten, sondern eine jener Aufgaben, für die es eine definitive Lösung niemals geben kann.